AF404438

Andreas Herteux

Primeiras Fundações do Capitalismo Comportamental

Um inventário de uma nova variedade de capitalismo

Conteúdo

Observações introdutórias

O mundo está a mudar a uma velocidade vertiginosa. Em nenhum momento isto pode ser visto mais claramente do que no progresso tecnológico, que reformulou seriamente e muitas vezes alterou profundamente a vida social, política, económica e individual. Mas este desenvolvimento é muito mais do que apenas uma pequena extensão do ser existente. Ele muda isso fundamentalmente e ainda não parece haver descrição suficiente para esse processo e seu uso comercial. Existem apenas algumas empresas de Internet que têm ofertas completamente novas? Ou será que tudo deve ser interpretado numa escala maior? Para onde vai dar? O que acontece com os dados e como são utilizados? Como o lucro é gerado com o nosso comportamento? Há alguma possibilidade de manipulação aqui? Existem, portanto, questões críticas, mas que permanecem fragmentadas.

Em suma, parece ter surgido um sentimento de que há muito mais em jogo do que novos modelos empresariais e, no entanto, até agora, não houve qualquer forma de articulação, qualquer estrutura descritiva que indique claramente que já não podemos falar da conduta empresarial de empresas individuais, mas que já temos de falar de uma nova variedade de capitalismo: Capitalismo comportamental. Este capitalismo cresceu a uma velocidade vertiginosa e tornou-se parte integrante da vida de muitas pessoas, pois está intimamente ligado ao desenvolvimento tecnológico. Oferece oportunidades, mas também riscos, já que seu poder, em contraste com o capitalismo financeiro, que também se elevou nas sombras, se estende à intimidade do indivíduo e está cada vez mais enraizado. Por esta razão, é de importância central tirá-lo do aproximado e nebuloso para a luz, nomeá-lo claramente e discuti-lo. Até agora, isso não foi possível, exceto para peças individuais.

O modelo do capitalismo comportamental tenta preencher essa lacuna e, portanto, pela primeira vez, cria uma ordem que torna tangível e compreensível uma nova variedade de capitalismo. Ao mesmo tempo, isso cria uma base de argumentação que é adequada para deixar os círculos de especialistas e estudiosos e espalhá-los de forma geral e compreensível, porque a discussão sobre o capitalismo comportamental não é aquele que só pode ser conduzido dentro de pequenos círculos, certos meios ou no feuilleton, mas sim deve tornar-se um tema central do público em geral.

Com este projecto ainda estamos no início. Mas se não começarmos, o capitalismo comportamental, análogo ao capitalismo financeiro, trabalhará nas sombras e talvez desenvolva um potencial que pode ser usado mais para o poder e a dominação do que para o bem da humanidade. À luz e com a ajuda da observação pública, parece mais fácil conduzir o rio torrencial na direcção certa do que esperar, infantil e ingenuamente, que isso aconteça por si só. Mas ainda estamos na linha de partida imaginária com este pensamento.

Portanto, este artigo aborda principalmente as publicações anteriores sobre o tema do capitalismo comportamental. Estes serão, portanto, impressos tal como foram publicados. A redundância é, portanto, dada, mas, sem dúvida, também cria valores de memória.

Estas publicações deram origem a debates e perguntas iniciais, que são tratados numa secção separada.

É, portanto, uma documentação de uma fase inicial que pode servir como um trabalho de referência impresso, mas de forma alguma pretende apresentar o objeto de pesquisa de forma conclusiva e definitiva.

Note-se também que o capitalismo comportamental será um tema central do século XXI, mas permanece apenas uma parte dele. Uma importante, mas que não pode ser separada de elementos como a luta do meio, a sociedade irritante, a mudança de tempos e o individualismo coletivo para um quadro coerente do presente e do futuro. Apenas uma visão global é a chave para um entendimento global e, portanto, para uma solução abrangente. O capitalismo comportamental é, portanto, um importante padrão explicativo, mas que requer classificação em uma estrutura maior, que, no entanto, não fará parte desta escrita.

Tendo isto em mente pode ser difícil, devido à bisança e ao domínio do conteúdo de cada uma das sub-áreas, já que cada uma poderia ser objecto de uma vida inteira como pesquisadora, mas é absolutamente necessária, pois de outro modo pode chegar a juízos errados unilaterais. Isto tem de ser evitado pela visão global acima referida.

Andreas Herteux

Capitalismo Comportamental - Uma Nova Variedade de Capitalismo Ganha Poder e Influência

- O comportamento humano é uma matéria-prima utilizável

- Esta matéria-prima transformou-se num factor de produção devido ao progresso tecnológico.

- Este factor de produção conduziu a novos modelos de negócio que têm agora um impacto maciço na vida económica, política e social.

- É necessário, portanto, falar de uma nova variação do capitalismo: o capitalismo comportamental.

- Esta nova forma de capitalismo ainda não é entendida como tal, o que implica o

perigo de criar relações de poder e de mercado que dificilmente ou apenas com grande dificuldade podem ser corrigidas mais tarde.

O mundo está experimentando uma mudança de tempos e uma era de mudança. Dinâmico, rápido e em que ponto isso pode ser reconhecido mais claramente do que pelo progresso tecnológico, que poderosamente e a uma velocidade incrível muda a vida pessoal e comunitária e não deixa quase nenhum campo intocado, seja na política, na sociedade ou na economia. No âmbito deste processo, a influência deslocou-se e foram criadas novas influências. Mas tudo isso quase imperceptivelmente, quase assustadoramente nas sombras e ainda no final de quase tudo tangente. A tecnologia mais do que nunca significa poder e esta influência especial através do mundo inteligente, pode ser encontrada hoje no mundo ocidental surpreendentemente empacotado com algumas empresas, que naturalmente têm pouco interesse em explicar os riscos de sua atividade muito publicamente, porque eles vêem principalmente as oportunidades de suas ações e não os perigos. Quem os vai culpar? Quantas pessoas realmente entendem seus modelos de negócios? Não pareciam surgir do nada, essas empresas de bilhões de dólares que agora são indispensáveis?

Esta nova influência dos grandes grupos tecnológicos, que muitas vezes só existem há alguns anos, é espantosa e surpreendente, assim como o desenvolvimento de que os seus produtos se tornaram uma parte indispensável da vida quotidiana de muitas pessoas e da sociedade a uma velocidade vertiginosa. Uma conquista silenciosa e, no entanto, são muito mais do que apenas modelos de negócio inteligentes que podem ser facilmente integrados no existente. Estas empresas são apenas actores num campo de jogo que tornou possível a sua existência e crescimento. Uma coisa que tem sido demasiadas vezes subestimada e negligenciada até agora é o capitalismo comportamental.

Com este termo, a própria criança foi derivada e batizada pelo autor destas linhas, o sentimento de mudança das relações de poder ganha um quadro ordenador, bem fundamentado e torna-se compreensível. A acumulação de poder não pode mais se esconder atrás dos mecanismos do novo, mas é claramente visível na luz. Uma necessidade, porque um capitalismo comportamental desenfreado e desenfreado é ainda mais perigoso que um capitalismo financeiro irado, porque precisa não só do capital, mas do homem como um todo para colher. A qualquer hora, em qualquer dia. Sim, o fenómeno era palpável. Agora encontra a sua análise e ordem. O capitalismo comportamental deve, portanto, ser identificado e interpretado para poder lidar com ele de forma autoconfiante e positiva. O cavalo selvagem precisa de adestramento, senão vai passar no final.

Em casos isolados, e isto deve ser notado, já há outras tentativas de dar à nova era uma forma verbalizada, da qual em particular o conceito de capitalismo de vigilância de Shoshana Zuboff deve ser mencionado, mas isto, e perdoem-me esta palavra, não vai suficientemente longe para explicar suficientemente as mudanças globais correspondentes e também se concentra fortemente em possíveis aspectos negativos de um desenvolvimento furioso, que pode ser tanto uma bênção como uma maldição, a verdade geralmente está no meio.

O modelo do capitalismo comportamental, portanto, segue uma abordagem diferente e neutra e tem pouco em comum com o capitalismo de vigilância a não ser que ambos queiram abordar o mesmo fenômeno. No entanto, recomenda-se trabalhar com esta preparação. No entanto, uma vez que estas páginas se destinam apenas a descrever brevemente o capitalismo comportamental, uma análise mais profunda de outros conceitos só pode ter lugar separadamente.

Comecemos, pois, pelo tema propriamente dito e, imediatamente, por uma definição:

O capitalismo comportamental é uma variante do capitalismo em que o comportamento humano se torna o factor central para a produção e fornecimento de bens e serviços.

A chave para compreender esta nova forma de capitalismo é olhar para o comportamento humano como um recurso utilizável. A partir daí, na medida em que possa ser suficientemente conquistado, por um lado, podem ser derivadas as necessidades das pessoas, mas, por outro lado, também se podem prever prognósticos para acções futuras. Com base nesta matéria-prima, podem ser produzidos produtos e serviços que correspondam às necessidades ou ao comportamento futuro. Também é possível negociar os próprios dados no mercado. Como se define o comportamento?

Comportamento significa agir, tolerar e não agir. Os processos podem ser conscientes ou inconscientes. É influenciada e produzida por estímulos.

Tudo isso pode soar terrivelmente abstrato, mas em uma inspeção mais atenta, o comportamento sempre foi usado como matéria-prima, embora nem sempre assim. Não queremos referir-nos à venda de indulgências na Idade Média, mas sim ao sector dos seguros. É um excelente exemplo de como o comportamento do cliente, muitas vezes na pessoa do representante, é pesquisado, depois avaliado pela empresa e, finalmente, utilizado para melhorar os produtos existentes, isto é, os seguros, e para criar novos serviços. Só assim é que os desenvolvimentos criativos, como a salvaguarda da própria morte, podem ser concebíveis. Uma vez que se trata de bens imateriais, ou seja, bens incorpóreos, o comportamento das partes interessadas e dos clientes é extremamente importante.

Basicamente, sempre foi um factor de produção, pelo menos nestas áreas, e é com esta mesma ideia que podemos abordar esta nova forma de capitalismo, porque o reconhecimento de que as necessidades e o comportamento dos potenciais clientes são uma componente importante da capacidade de oferecer e vender produtos e serviços de forma eficaz não é original, nem exige um estudo mais aprofundado.

Mas agora as condições mudaram, porque o desenvolvimento tecnológico levou a novos modelos de negócios que ganharam tal influência que levantam a questão de saber se há muito se desenvolveram como uma forma independente de capitalismo, o capitalismo comportamental. Isto leva-nos à tese central deste artigo, segundo a qual as novas possibilidades de desnatação comportamental transformaram a matéria-prima num factor de produção e, por conseguinte, numa variante do capitalismo por direito próprio.

> **O fator de produção central do capitalismo comportamental é o comportamento humano.**

Não que nem sempre se quisesse saber o máximo possível, mas apenas com o desenvolvimento tecnológico acima mencionado o problema da difícil aquisição de dados comportamentais desapareceu no ar em pouco tempo. Portanto, não é surpreendente a velocidade com que grandes empresas de tecnologia como a Amazon, Facebook ou Google surgiram e começaram a coletar dados, usar comportamentos de acordo com métodos capitalistas e incorporar pessoas pouco a pouco. Algoritmos e automação tornaram possível o que os humanos não teriam sido capazes de fazer.

Eram os grandes capitalistas comportamentais. Agora analisam o estímulo homo e tentam gerar informação ou dados com base no seu comportamento ou para oferecer ou mediar produtos e serviços. Adaptado ao indivíduo. O "comportamento" da matéria-prima tornou-se um factor de produção.

Este novo factor de produção é agora tão importante que se tornou também indispensável para o capitalismo clássico e financeiro, uma vez que o conhecimento do comportamento actual, composto por grandes quantidades de dados obtidos, permite, em muitos casos, avaliar ou influenciar o comportamento futuro.

> **Actualmente, o comportamento é também um factor de produção central para o capitalismo clássico e financeiro e complementa o trabalho, a terra e o capital.**

Este comportamento é então utilizado directamente como mercadoria ou transformado em produtos de satisfação e/ou previsão num processo de produção.

> Um <u>produto de satisfação visa</u> satisfazer as necessidades humanas.
>
> Um <u>produto de prognóstico</u> prevê o comportamento humano futuro.
>
> <u>Os dados comportamentais</u> também podem ser comercializados sem processamento adicional.

Algoritmos e mais e mais inteligência artificial assumem esta tarefa. Para simplificar, resumimos este processo descentralizado na metáfora descritiva da fábrica comportamental.

> **O armazenamento do comportamento, bem como o processamento de produtos de satisfação e prognóstico ocorrem na fábrica de comportamento.**

Lá se vão as definições básicas e a história do desenvolvimento. A seguir, a funcionalidade e o processo de criação de valor do capitalismo comportamental serão examinados mais detalhadamente.

O Ciclo do Capitalismo Comportamental

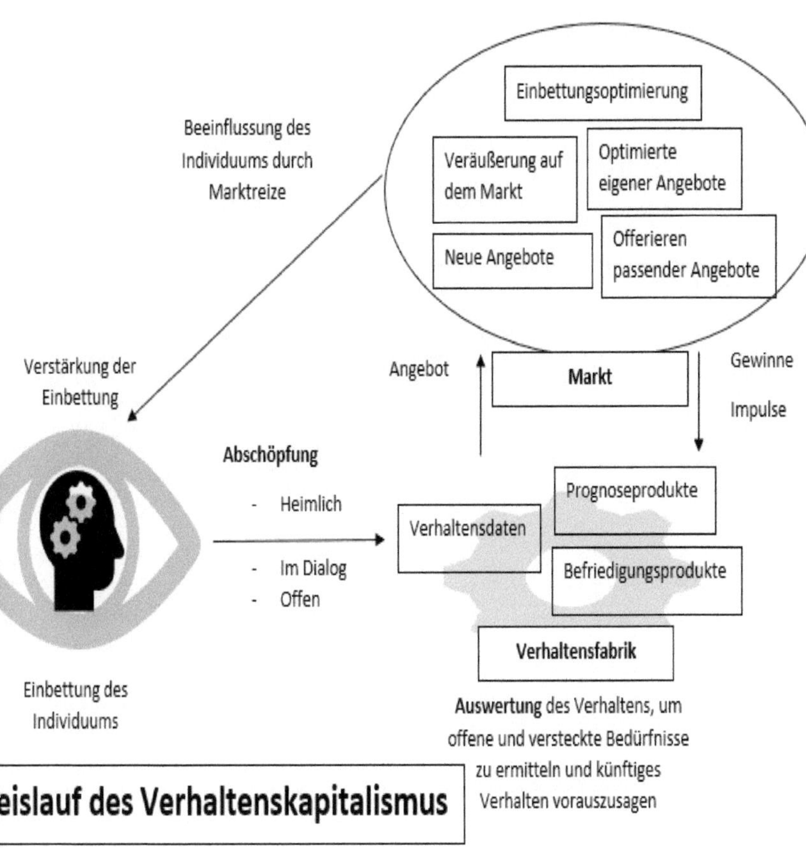

Absorção de dados comportamentais

O capitalismo comportamental baseia-se no comportamento da matéria-prima e do factor de produção, que é criado pela reacção do indivíduo aos estímulos. Ele tem primeiro de ganhar isto ao roubar. Sempre houve tais tentativas, mas foi o progresso tecnológico impulsionado pela mudança de tempos que tornou possível a colheita automatizada em grandes quantidades. O processo de desnatação tem três variantes:

- **Escumação aberta**

  Neste caso, o indivíduo está ciente de que seus dados serão usados para produzir certos produtos de previsão e satisfação correspondentes.

  Um exemplo típico seria a entrada em um mecanismo de busca. O seu comportamento ou interesse pessoal é usado abertamente para lhe apresentar o resultado desejado. Em apenas um minuto, por exemplo, 2017 será um evento mundial:

- 3,8 milhões de pesquisas do Google

- 47.000 Uploads de fotos do Instagram

- 4,1 milhões de cliques em vídeo no Youtube

- 530.000 bate-papo snap ações de fotos

- 456.000 transmissões de mensagens do Twitter

Estes números provam de forma impressionante que muitos dados comportamentais são transmitidos voluntariamente em muitos casos, porque isso cria valor acrescentado para o utilizador.

- **Desnatação Dialógica**

No skimming diálogo off, o indivíduo e uma máquina (algoritmo, AI) entrar em um processo de diálogo que serve não só para identificar necessidades, mas também para e-stimar o comportamento futuro. Ao fazer isso, ambos os lados reagem aos estímulos e agora é possível revelar necessidades que o usuário pode não estar ciente. A interação pode ser aberta ou oculta. O importante é que o processo vá além de uma ação.

- **Escumação oculta**

Com a desnatação oculta, o comportamento é colhido e posteriormente processado ou revendido sem o conhecimento do utilizador. Um exemplo seria quando os dados de perfil de um indivíduo são usados em uma rede social para desenvolver produtos e serviços comerciais a serem usados para manipulação ou controle de comportamento. O caso modelo aqui seria o uso de 87 milhões de dados de usuários do Facebook da Cambridge Analytica para a campanha eleitoral de Donald Trump em 2017.

As fronteiras entre as variantes individuais são, naturalmente, fluidas. Por exemplo, a maioria dos utilizadores de motores de busca está agora bem ciente de que os resultados são acompanhados por anúncios de produtos da mesma gama de tópicos. Da mesma forma, os utilizadores das redes sociais devem estar cientes de que os seus dados estão a ser utilizados para incorporação. Por conseguinte, uma separação rígida dos tipos de imposição não faz sentido.

Transformação na fábrica comportamental

Os volumes de dados obtidos são agora armazenados na fábrica comportamental, uma metáfora para representar um processo de processamento complicado e descentralizado mais plasticamente, e transformados em partes em produtos. São produzidos produtos de previsão e produtos de satisfação.

Os produtos de previsão são utilizados para estimar o comportamento futuro de um indivíduo. Um exemplo típico seria um usuário de uma rede social interessado em caminhar, apresentar fotos e documentos de participação em eventos. O algoritmo pode agora ler estes dados e complementá-los com outras informações como idade, local de residência, inclinações de marca, estilo, etc. O algoritmo também pode ler os dados dos dados. Juntamente com a leitura do histórico do navegador, que pode acontecer mesmo que você não esteja mais conectado à rede correspondente, é criado um produto de previsão, cujo resultado poderia ser, por exemplo, que exatamente este usuário é altamente provável que se decida pelas excursões correspondentes novamente no verão. Por conseguinte, faria sentido confrontá-lo praticamente com serviços adequados (por exemplo, ofertas de viagens) ou produtos (por exemplo, botas de caminhada) com pouca antecedência. O produto de previsão abre a porta para uma abordagem direccionada.

Os produtos de satisfação, por outro lado, visam especificamente satisfazer as necessidades identificadas. Não no futuro, mas no presente. É interessante notar que um produto de satisfação pode se referir tanto a uma necessidade que o usuário está ciente quanto a uma necessidade sobre a qual ele ainda não refletiu, mas que resulta da análise do comportamento. Assim, são precisamente os produtos de satisfação, mas também os produtos de prognóstico, que têm a função de revelar as necessidades interiores do indivíduo e podem, portanto, ser um importante elemento de auto-realização.

Negociação no mercado

Tanto os produtos de prognóstico e satisfação como o próprio comportamento podem ser usados ou vendidos pelo próprio coletor de dados. Isto gera lucros massivos, que são normalmente reinvestidos. Não necessariamente apenas no modelo de negócio anterior, mas também em outros campos que convidam ao networking. Surgem assim as seguintes oportunidades para o mercado:

- **Oferta de ofertas adequadas**

   Os dados são utilizados para oferecer ofertas adequadas ao indivíduo. Isto pode consistir em serviços e produtos próprios, combinados, no entanto, com a publicidade de terceiros. O núcleo do modelo de negócio ainda pode ser visto aqui hoje.

   Globalmente, estima-se que 25% das receitas globais de publicidade são agora geradas pelo Facebook e Google, dois dos melhores exemplos de capitalismo comportamental aplicado. Em 2016, ainda era 20%. Tendência a subir.

- **Novas ofertas**

   O comportamento torna necessário desenhar produtos inteiramente novos para satisfazer as necessidades identificadas pelos mesmos. A ideia de derivar da observação do mercado as inovações e desenvolvimentos necessários é tão antiga como a própria actividade económica, mas, graças às novas possibilidades de extrair uma matéria-prima que anteriormente era difícil de extrair, atingiu uma dimensão completamente nova.

- **Otimização de ofertas próprias**

  As próprias ofertas são melhoradas e adaptadas por produtos de comportamento e feedback apropriado. Isto aplica-se tanto aos coletores de dados como aos seus clientes. Em particular, a máquina de aprendizagem se baseia nessas reações para melhorar constantemente suas funções.

- **Venda no mercado**

  Os volumes de dados são disponibilizados a terceiros em bruto ou já como produtos de

transformação para as suas próprias actividades comerciais.

- **otimização de incorporação**

  O individualismo coletivo conhece a incorporação do homem na criação de uma realidade individual. O capitalismo comportamental
  contribui para isso através de um ciclo
  contínuo de escumação comportamental.

Prozess der Einbettung

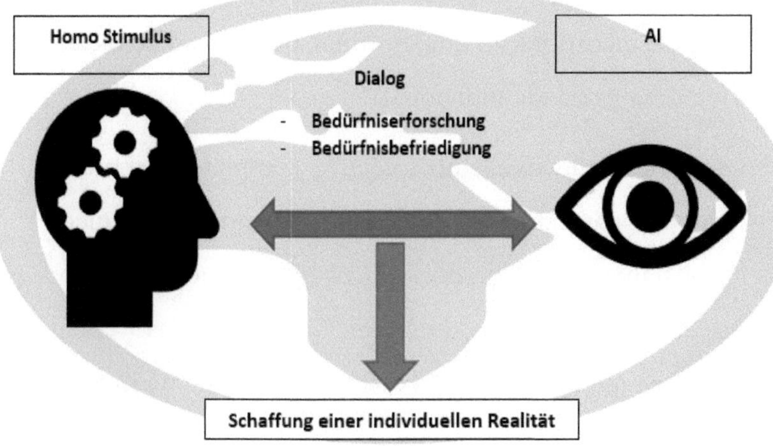

Estimulação do indivíduo a reagir

No caso ideal, o indivíduo reage aos estímulos oferecidos e assim cria um novo comportamento que, por sua vez, pode ser desnatado. O resultado é um ciclo de incorporação que, no final, pode levar à criação de uma realidade individual.

Num individualismo colectivo completo, que pressupõe, naturalmente, um desenvolvimento técnico constante, o desnatado afundar-se-ia pouco a pouco numa realidade individualizada. No entanto, isso ainda é incompleto devido à presença de lutas de meio ambiente. Ao mesmo tempo, o comportamento da matéria-prima e o capital de investimento se acumulam, o que melhora ainda mais as possibilidades da fábrica de comportamento e da desnatação. Desenvolve-se um ciclo. O jogo, conduzido pela máquina, começa desde o início. Assim, por um lado, causa a incorporação do homem, mas, ao mesmo tempo, também causa uma maior separação dos meios sociais.

Inventário e perspectivas

O capitalismo comportamental é uma variante do capitalismo que, como o capitalismo financeiro, é difícil de identificar em seus efeitos e, portanto, desempenha apenas um papel subordinado na percepção pública e na agenda política. Ele usa isso inteligentemente para se espalhar e se consolidar, o que no capitalismo é muitas vezes caracterizado pela emergência de monopólios ou oligopólios. Isto é demonstrado de forma impressionante pela situação real dos grupos tecnológicos e pelo seu poder de mercado.

O capitalismo comportamental tornou-se, portanto, firmemente estabelecido, mas sem ser percebido como tal. A tecnologia de ponta permite uma incorporação nunca antes vista que pode penetrar nas áreas mais íntimas do indivíduo. Um desenvolvimento que requer um escrutínio mais atento e não deve continuar a acontecer na sombra, pois um capitalismo comportamental desenfreado seria uma força ainda mais forte do que o capitalismo financeiro jamais foi. Ele seria um meio de dominação.

A apresentação deste desenvolvimento foi deliberadamente neutra, pois envolve tanto oportunidades como riscos. A incorporação do indivíduo no seu próprio mundo, que serve a sua própria satisfação de necessidades e auto-realização, não é inicialmente negativa, especialmente porque não tem de ser concebida de forma fechada. Por outro lado, é claro, há um mundo central de quem, em última instância, controla os estímulos e os dados e se o comportamento ou mesmo a própria realidade é manipulada. Isto, tal como o modelo do capitalismo comportamental, deve agora ser divulgado para discussão.

Este artigo está disponível em DOI 10.13140/RG.2.2.2.18058.62402 e foi publicado várias vezes na mesma forma e em alemão e inglês e publicado para discussão. Na Alemanha, por exemplo, no jornal semanal "Der Freitag":

https://www.freitag.de/autoren/aherteux/der-auf-stieg-des-verhaltenskapitalismus

Capitalismo Comportamental - Ascensão na Sombra

entrevista

Andreas Herteux, o fundador da Sociedade Erich von Werner sobre o funcionamento e a crescente influência do capitalismo comportamental, que ele pesquisou, analisou e identificou.

Sr. Herteux, descreveu um novo tipo de capitalismo. Como o descreveria em poucas palavras?

O capitalismo comportamental é uma variante do capitalismo em que o comportamento humano se torna o factor central para a produção e fornecimento de bens e serviços.

Soa muito abstrato no início.

Isso é verdade e também torna muito difícil o reconhecimento do capitalismo comportamental. Na verdade, não é assim tão difícil. Vamos pensar num padeiro e nos seus pães. Deve ficar claro para todos nós quais as matérias-primas de que ele necessitará para o processo de produção. Para os nossos pães, talvez farinha, água, fermento e algum sal. Vamos saltar da padaria para a Internet. A maioria de nós já encontrou publicidade personalizada. Por exemplo, temos estado à procura de umas férias nas montanhas e, de repente, somos confrontados com e-mails, banners publicitários e reportagens nas redes sociais sobre o assunto. No entanto, esta publicidade personalizada só nos pode ser dirigida se o nosso comportamento, neste caso a consulta de pesquisa, tiver sido avaliado previamente. Todos os serviços, anúncios, sugestões de amizade - todos estes rolos foram cozidos a partir de uma massa: o nosso comportamento previamente aberto, escondido ou desnatado em diálogo e depois avaliado, o que significa que esta matéria-prima foi transformada em produtos de prognóstico e satisfação numa fábrica metafórica comportamental para obter algo individual para nós do forno metafórico.

Se você olhar para ele do ponto de vista, o comportamento é a farinha das empresas de Internet?

Por conseguinte, o comportamento humano é, obviamente, uma matéria-prima utilizável e essa matéria-prima evoluiu, através do progresso tecnológico, para um factor de produção, o que conduziu a modelos empresariais completamente novos, que, entretanto, têm uma enorme influência na vida económica, política e social. Seria fatal falar aqui de um único modelo de negócio, porque o seu poder é demasiado grande para isso. Pelo contrário, é uma nova variação do capitalismo: o capitalismo comportamental.

O uso do comportamento humano é realmente um fenómeno novo?

Naturalmente, o comportamento humano sempre foi um factor essencial e matéria-prima. Já sozinho para as áreas de vendas e marketing, mas também como matéria-prima. Pensemos aqui apenas no sector dos seguros, que já tinha desnatado o "comportamento" dos clientes muito antes da era moderna e, assim, concebido novos produtos e optimizado os antigos. Nesta indústria, esta matéria-prima tem sido sempre mais e mais uma base primária para os negócios. A propósito, também na política ou, se você gosta historicamente, na venda de indulgências. No entanto, o progresso técnico aumentou quase infinitamente a possibilidade de skimming comportamental e eles já não precisam mais de um ser humano para avaliação, mas, simplesmente, apenas da máquina de aprendizagem. Apenas dois números para sublinhar isto; só o Google tinha cerca de 3,8 milhões de pesquisas até 2017 e 4,1 milhões de cliques de vídeo no Youtube. Por minuto. Você pode calcular aproximadamente quantos dados comportamentais podem ser extraídos em um dia e, na maioria das vezes, um produto ou serviço pode até ser produzido e oferecido imediatamente, mesmo que seja apenas a resposta a uma consulta de pesquisa.

O meu agente de seguros só pode sonhar com tais quantidades de dados.

As companhias de seguros estão muito melhor posicionadas hoje, mas você pode ver a diferença no lugar certo. Só uma mudança de tempos, cujos elementos incluem também o desenvolvimento rápido e dinâmico da tecnologia e o condicionamento do homem à sua utilização, que seria descrita como uma sociedade irritante, em que não queremos mergulhar na psicologia, transformou uma matéria-prima num factor de produção. Hoje podemos falar de capitalismo comportamental.

Existe um paralelo para tal desenvolvimento?

Sim, de acordo com um princípio semelhante, o capitalismo financeiro ultrapassou o capitalismo clássico. Embora o capital sempre tenha sido um fator econômico de produção, era muito tarde para perceber que ele havia conduzido como elemento independente a uma nova variedade de capitalismo. Ainda hoje, existem grandes problemas em reconhecer e interpretar corretamente seus mecanismos. É por isso que ele pode agir um pouco abaixo do radar. Aqui há um paralelo ao capitalismo comportamental.

Sohsana Zuboff também adverte sobre os perigos de tal desenvolvimento, embora não use o termo "capitalismo comportamental" que você cunhou, mas fala de capitalismo de vigilância.

Sim e eu aprecio muito o seu trabalho meticuloso e crítico, mas o seu conceito de capitalismo de vigilância tem pouco em comum com o modelo do capitalismo comportamental. A Sra. Zuboff vê seu capitalismo de vigilância, e a palavra já trai isso, como algo fundamentalmente negativo e feito pelo homem, que algumas pessoas, há alguns anos atrás, inventaram no Google para ganhar conscientemente poder, riqueza e influência.

Para o capitalismo comportamental, por outro lado, o desenvolvimento é uma consequência lógica do capitalismo e está em continuidade. Não é uma degeneração, como ela lhe chama, mas a água simplesmente flui. Empresas como a Google emergiram deste rio e não fora dele em algum lugar na margem seca.

É verdade, porém, que o capitalismo da vigilância vê o desenvolvimento exclusivamente de forma negativa. Ele quer alertar, quer ser subjetivo e não necessariamente mostrar um modelo como representação da realidade. O capitalismo comportamental quer exactamente isso, portanto pondera oportunidades e riscos e esforça-se por uma apresentação neutra dos mecanismos gerais. É claro que ele também vê as possibilidades de manipulação, mas também o outro lado.

Pense no nosso exemplo de pesquisa. Você também receberá uma resposta do Google & Co. e o Youtube mostrará o vídeo desejado. O conteúdo personalizado não tem de ser fundamentalmente mau, mesmo que esteja oculto, porque com a incorporação pode até ser possível identificar necessidades que as pessoas nunca teriam descoberto sem a nova tecnologia. Basta tomar o exemplo de um feriado nas montanhas. Talvez a máquina de aprendizagem funcione para você que o montanhismo sempre foi sua paixão? Isso seria mau se descobrisses essa necessidade interior?

Por outro lado, há também, naturalmente, a possibilidade de manipulação. Temos de nos defender contra eles, mas não podemos enganar-nos, tanto quanto quisermos. Grupos maiores da população, ou seja, não poucos meios, terão todo o gosto em trocar parte da sua liberdade por uma incorporação que determine as suas necessidades e as satisfaça. Talvez alguns estímulos homo até obtenham as possibilidades de auto-desenvolvimento pela primeira vez. Isso parece assustador para alguns ouvidos, mas será a realidade. Mas a demissão seria a reacção errada. Pelo contrário, a realidade deve encorajar-nos a deixar claro a todos que não têm de escolher: incorporação ou liberdade, mas pode ter ambos. Mas nem sequer há sinais disso. Uma situação muito perigosa.

Como enfrentar os perigos do capitalismo comportamental?

Em primeiro lugar, reconhecendo-as e colocando-as no contexto certo. O capitalismo comportamental, juntamente com a sociedade do estímulo, desencadeará uma era de individualismo coletivo, na qual o processo de individualização será, no entanto, dificultado pelas lutas do meio. Pontos fundamentais com os quais nós, na Sociedade Erich von Werner, tratamos em profundidade, porque aqui está também a causa da difícil situação social a ver e não em modelos explicativos obsoletos do século passado, como o obsoleto esquema esquerda-direita.

Isto e o fato de que estamos no limiar de uma nova era que mudará radicalmente o equilíbrio de poder internacional nas próximas décadas devem ser realizados e aceitos. Alguma coisa está a mexer-se. Mesmo que reconhecêssemos isso, precisaríamos de idéias e aqui, infelizmente, nos tornamos muito pouco imaginativos ou capitulamos diante de um mundo complexo e de tantas inter-relações, por isso precisamos de uma solução abrangente que possa resolver todos esses problemas. Com o modelo de hegemonia alternativa (modelo AH) apresentamos tal modelo que poderia corrigir o capitalismo e enfrentar os grandes desafios de nosso tempo. Com ele podemos transformar o capitalismo em uma economia de mercado de valor.

A mudança para melhor é, portanto, possível. Tudo o que é preciso é coragem.

A entrevista foi publicada em alemão e inglês em vários meios de comunicação. Por exemplo, está disponível aqui: https://www.dailypress.com/dp-ugc-article-behavioral-capitalism-andreas-herteux-on-th-2-2019-09-18-story.html

Capitalismo Comportamental e Capitalismo de Vigilância - Uma Comparação de Duas Interpretações de um Desenvolvimento do Capitalismo

- O capitalismo comportamental considera a absorção e o uso de dados comportamentais como um desenvolvimento lógico capitalista na continuidade histórica e, portanto, como um desenvolvimento inevitável.

- O capitalismo de vigilância distingue entre o comportamento que é necessário para optimizar os serviços existentes e os dados que não são necessários para eles. Ele considera o uso do "excesso de comportamento" como uma forma de capitalismo explicitamente criada pelo homem, não obrigatória e degenerada, cujo objectivo último é a acumulação de poder, riqueza e influência.

- O comportamento sempre foi uma matéria-prima para o capitalismo comportamental, que se tornou um factor de produção através do desenvolvimento técnico.

- No capitalismo de vigilância, o chamado "comportamento excedente" foi descoberto pelo Google e explorado gratuitamente por esta e outras empresas.

- O capitalismo comportamental vê tanto as oportunidades como os riscos desse desenvolvimento.

- O capitalismo de vigilância, por outro lado, é interpretado exclusivamente de forma negativa.

- O capitalismo comportamental situa-se num contexto do qual não pode ser arrancado, e o conhecimento dessas conexões é indispensável para lidar com ele e compreendê-lo.

- O capitalismo de vigilância é uma construção isolada, criada há alguns anos, cuja autoria pode ser encontrada entre outras no Google e, portanto, também pode ser combatida dessa forma.

Observações introdutórias

Dentro de um período de tempo muito curto, o desenvolvimento tecnológico tornou possíveis novos modelos de negócio, mudou as relações de poder e, no final, criou uma nova forma de capitalismo. Esta evolução é muitas vezes encarada de forma crítica, mas até à data este debate ainda carece de uma estrutura e de modelos com os quais uma classificação direccionada e também simples possa servir de base para uma discussão alargada. Já há primeiras tentativas de estabelecer estas e duas interpretações desta evolução serão tratadas a seguir.

Estes são o conceito de capitalismo de vigilância e o modelo de capitalismo comportamental. Diferentes abordagens a contrastar para mostrar que não estamos a falar do estabelecimento de novos modelos de negócio, mas de uma nova forma de capitalismo que exige toda a nossa atenção, uma vez que corre o risco de exercer uma influência séria na vida social, social, política e económica que chega ao domínio mais íntimo do indivíduo. Esse poder não pode e não deve se esconder nas sombras, mas deve fazer parte de uma discussão pública que seria muito facilitada por uma apresentação estruturada desse desenvolvimento do capitalismo.

As principais características do capitalismo de vigilância foram apresentadas por Shoshana Zuboff em seu livro "The Age of Surveillance Capitalism".[1] Este trabalho serve como base primária para a discussão e as comparações entre o conceito de capitalismo de vigilância e o de capitalismo comportamental. No que respeita à metodologia, é de notar que as citações e, por conseguinte, também os números das páginas se referem à versão alemã da obra.[2] Isto justifica-se pelo

---

[1] Zuboff, Shoshana, The Age of Surveillance Capitalism: The Fight for the Future at the New Frontier of Power Profile Books; 31. 01.2019

[2] Zuboff, Shoshana, The Age of Surveillance Capitalism. Editora Campus 4 Outubro 2018; 04 Outubro 2018

facto de o livro ter sido publicado pela primeira vez em alemão e de estar disponível um grande número de entrevistas ou relatórios suplementares.[3] Quaisquer reuniões realizadas em inglês, no entanto, foram incluídas na avaliação global da mesma forma que as não inglesas.

Por outro lado, são apresentados os próprios resultados da investigação, cuja publicação, no entanto, é ainda de natureza mais recente e tem ainda de seguir o caminho do estabelecimento e da aceitação.

Os objectivos desta escrita são, portanto, os seguintes:

1) Comparar duas interpretações fundamentais do desenvolvimento do capitalismo

---

[3] Reconhece-se que pequenas diferenças são possíveis na retroversão para inglês.

2) Contribuir para a descrição deste novo
   fenómeno e dar-lhe uma estrutura mediável

3) Criar uma base de discussão sobre as
   oportunidades e riscos do desenvolvimento
   capitalista.

Deve-se notar desde o início que o autor deste artigo é também o autor dos tratados sobre o capitalismo comportamental.

1. Definições e origem

Shosana Zuboff resume o desenvolvimento moderno do capitalismo sob o termo "capitalismo de vigilância". Oferece uma definição mais longa para isso, que deve ser considerada passo a passo e comparada com a do capitalismo comportamental:

> *"[...] [O capitalismo da vigilância é] uma nova forma de mercado que reivindica a experiência humana como uma matéria-prima livre para suas operações comerciais ocultas de extração, previsão e venda".[4]*

No capitalismo de vigilância, o homem desempenha, em última análise, o papel de um campo que é colhido pelas empresas de tecnologia, a fim de ganhar

---

[4] A definição encontra-se na introdução e, por conseguinte, não tem um número de página separado.

dinheiro com os produtos ganhos no final, bem como para ganhar poder e influência.

Paralelamente, salienta-se que o capitalismo de vigilância pode ser descrito como uma nova forma de mercado através da sua influência na vida social, pessoal, social, política e económica.

Isto deve ser contrastado com a definição de capitalismo comportamental, que tem algumas semelhanças e muitas mais diferenças:

"O capitalismo comportamental é uma variante do capitalismo em que o comportamento humano se torna o factor central na produção e fornecimento de bens e serviços.[5]

A definição de capitalismo comportamental é mais ampla porque se centra apenas na classificação do "comportamento" como factor de produção. No entanto, o capitalismo comportamental também assume

---

[5] Herteux, Andreas, Behavioural Capitalism - Uma nova variedade de capitalismo ganha poder e influência

que esta é uma nova forma de capitalismo. Por conseguinte, ambos os modelos estão de acordo quanto a este ponto. Uma diferença interessante, no entanto, é que ele se concentra no comportamento humano e não na experiência. O comportamento se define da seguinte maneira:

> *"O comportamento é entendido como agir, tolerar e não agir. A*
>
> *Os processos podem ser conscientes ou inconscientes. É influenciada e produzida por estímulos. O factor de produção central do capitalismo comportamental é o comportamento humano."*[6]

No entanto, se é apenas um borrão lingüístico deve permanecer aberto, na visão geral gráfica ("A descoberta do excesso de comportamento"; página

---

[6] Herteux, Andreas, Behavioural Capitalism - Uma nova variedade de capitalismo ganha poder e influência

121) no livro de Zuboff, a experiência não é mais mencionada. Os termos podem ser entendidos como sinônimos aqui.

No capitalismo comportamental, por outro lado, o comportamento é deliberadamente falado porque é baseado na teoria da sociedade do estímulo, que assume um desenvolvimento em um estímulo homo.[7]

---

[7] Herteux Andreas, Die Reizgesellschaft - A caminho da era do individualismo coletivo;
"Uma sociedade do estímulo é geralmente entendida como uma associação de indivíduos que estão expostos a estímulos que influenciam uma frequência forte, que geralmente são gerados artificialmente, e que têm dificuldade ou são incapazes de resistir a esses estímulos, ou, em alguns casos, não querem resistir a eles. O estímulo homo, o homem do estímulo, emerge."

A origem do capitalismo de vigilância

As diferenças tornam-se mais claras quando se olha para a definição mais ampla de capitalismo de vigilância. Zuboff[8] descreve isto como *"uma forma de capitalismo cortado de seu tipo, caracterizado por uma concentração de riqueza, conhecimento e poder sem paralelo na história humana"*.

No entanto, o capitalismo de vigilância não é apenas uma anomalia, mas foi conscientemente criado por algumas pessoas no início do passado recente e usado para aumentar constantemente o seu próprio poder:

> *"A vigilância capitalista começa com a descoberta do excesso de comportamento [...] Acima de tudo,[9] é preciso ter uma coisa*

---

[8] A definição encontra-se na introdução e, por conseguinte, não tem um número de página separado.

[9] Página 121

em mente: O capitalismo de vigilância foi inventado por um grupo específico de pessoas, em um momento específico, em um lugar específico. Não é necessariamente o resultado da tecnologia digital ou do capitalismo da informação. Ele foi criado conscientemente [...][10]

"O Google obteve os seus primeiros êxitos no negócio em linha no início da década de 2000 e, em seguida, previu taxas de cliques para anúncios feitos à medida. Mas a monitorização já não se limita à publicidade online. Os produtos criados pela vigilância são cada vez mais lucrativos do que os produtos e serviços tradicionais. Empresas de todas as esferas da vida competem por nossos dados

---

[10] Zuboff, página 108

comportamentais para que possam prever o que, quando e como vamos agir, sentir, querer e comprar".[11]

"O capitalismo de vigilância é um fenómeno histórico, não uma inevitabilidade tecnológica. Foi inventado por volta de 2001 por uma empresa chamada Google."[12]

Por conseguinte, só é compreensível se o capitalismo de vigilância for visto de forma negativa, pois é o capitalismo de vigilância.

---

[11] Entrevista com o Süddeutsche Zeitung de 07.11.2018; https://www.sueddeutsche.de/digital/shoshana-zuboff-ueberwachungskapitalismus-google-facebook-1.4198835

[12] Entrevista com a revista semanal "Der Freitag" de 02.04.2019; https://www.freitag.de/autoren/the-guardian/tyrannei-die-sich-von-menschen-ernaehrt

"[...] parasitário [...] fundação e enquadramento de uma economia de vigilância [...] a origem de um novo poder instrumental que reivindica acima da sociedade e enfrenta a democracia de mercado com desafios perturbadores. [...] visa uma nova ordem coletiva com base na certeza total. [...] uma expropriação de direitos humanos críticos que pode ser melhor entendida como um golpe de cima - a derrubada da soberania popular."[13]

A origem do capitalismo comportamental

Em contraste com o capitalismo de vigilância, o capitalismo comportamental vê os desenvolvimentos do capitalismo não como um plano feito pelo homem, mas como um desenvolvimento lógico e convincente do próprio capitalismo.

---

[13] A definição encontra-se na introdução e, por conseguinte, não tem um número de página separado.

Não foi a Google & Co. que desenvolveu um modelo de negócio, mas a mudança dos tempos[14] abriu um novo rumo para o capitalismo, que só foi tomado pelas empresas de tecnologia.

Por conseguinte, não era necessário que qualquer empresa descobrisse qualquer tipo de comportamento na sala dos fundos, mas o comportamento sempre foi uma matéria-prima. Um exemplo disso é o setor de seguros, que pesquisou, avaliou e usou o comportamento dos clientes muito antes da era da Internet para otimizar os produtos de seguros atuais e gerar novos produtos. Basicamente, sempre foi um factor de produção, pelo menos nestas áreas, e é com esta mesma ideia que podemos abordar esta nova forma de capitalismo, porque o reconhecimento de que as necessidades e o comportamento dos potenciais clientes são uma componente importante da capacidade de

---

[14] Herteux Andreas, Conceito de Mudança de Tempo

oferecer e vender produtos e serviços de forma eficaz não é original, nem exige um estudo mais aprofundado.

Mas através de novas tecnologias, o estabelecimento da sociedade irritante e as possibilidades de máquinas de skimming, um pequeno riacho afluente surgiu do fluxo principal rápido do capitalismo, que com o tempo também se desenvolveu em um perigoso corpo de água. Uma evolução que já vivemos com o capitalismo financeiro. Aqui, também, o capital foi um meio importante desde o início, mas depois se separou e fundou uma variedade independente de capitalismo. O fruto tinha crescido na árvore, mas a semente caiu no chão e cresceu lá a um ritmo incrível. Portanto, não é surpreendente a velocidade com que grandes empresas de tecnologia como a Amazon, Facebook ou Google surgiram e começaram a coletar dados assim que as possibilidades surgiram. Por isso, era lógico usar o comportamento de acordo com métodos capitalistas e incorporar as pessoas pouco a pouco.

Algoritmos e automatização tornaram possível o que as pessoas não teriam podido fazer e a matéria-prima e os meros meios de produção tornaram-se o fator de produção de um novo capitalismo: o capitalismo comportamental.

Entwicklung der Spielarten des Kapitalismus
Klassischer Kapitalismus 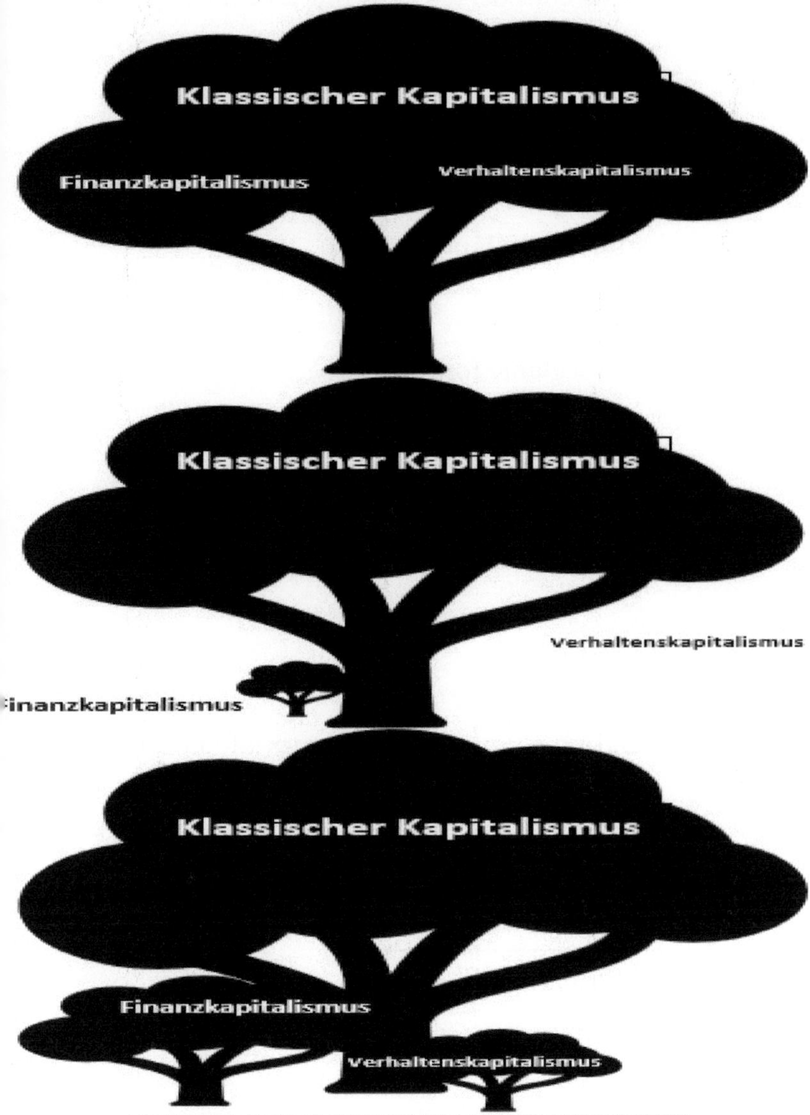
Finanzkapitalismus
Verhaltenskapitalismus
Klassischer Kapitalismus
Verhaltenskapitalismus
Finanzkapitalismus
Klassischer Kapitalismus
Finanzkapitalismus
Verhaltenskapitalismus

2. Como funciona

Depois de consideradas a definição e a origem, as funcionalidades de ambas as descrições devem agora ser comparadas.

capitalismo de vigilância

Zuboff explica o funcionamento do capitalismo de vigilância da seguinte forma:

> *"O capitalismo de vigilância reivindica a experiência humana unilateral como matéria-prima para a transformação em dados comportamentais [...]"*[15]

Neste ponto, assume-se que o capitalismo de vigilância, que em última análise é apenas a ferramenta a menos, é usado para desviar a experiência sem

---

[15] Zuboff, página 22

consideração humana.[16] Um ponto muito importante, porque na ideia de vigilância capitalista o indivíduo é apenas a vaca no estábulo, que é constantemente ordenhada e, no final, metaforicamente com a perda da liberdade, abatida. Objecções, tais como o facto de a pessoa que introduz uma consulta de pesquisa receber uma lista de resultados em troca ou de uma ocultação da informação poder também servir para identificar necessidades, não são aceites.

"É difícil determinar a nossa posição real nesta constelação. Primeiro, foi-nos dito como podíamos estar felizes por conseguir serviços gratuitos. Quando descobrimos que

---

[16] Um certo problema surge aqui novamente, através do uso do vago termo "experiência humana". A "experiência" é desnatada através da introdução de um termo num motor de busca? Ou apenas o comportamento, a entrada. Quando os dados de um perfil do Facebook são usados para avaliá-los, são usados valores empíricos? Não, em última análise é apenas o comportamento de entrada ao criar e manter o perfil.

as empresas estavam a recolher dados sobre nós, éramos "o produto". E disseram-nos que isto era uma troca justa. Mas nós não somos o produto, mas sim a fonte, a matéria-prima de livre acesso. Este, por sua vez, é transformado em produtos que servem os interesses daqueles que se beneficiam do nosso comportamento futuro."[17]

"Eles declararam que tinham o direito de adquirir nossa experiência privada, de transformá-la em dados para possuí-la como propriedade privada. O Google começou a afirmar unilateralmente que a World Wide Web pertencia a ele e ao seu motor de busca. Uma vez que procurámos no Google, agora o

---

[17] Entrevista com o Süddeutsche Zeitung de 07.11.2018; https://www.sueddeutsche.de/digital/shoshana-zuboff-ueberwachungskapitalismus-google-facebook-1.4198835

Google procura-nos. Costumávamos pensar que os serviços digitais estavam disponíveis gratuitamente, agora os capitalistas da vigilância pensam que estamos disponíveis gratuitamente."[18]

Por conseguinte, o capitalismo de vigilância não só interpreta a relação entre os capitalistas de vigilância e os utilizadores como unilateral e parasitária, como também adverte claramente contra um novo agravamento deste desequilíbrio:

"Mas também porque esse desenvolvimento parasitário se tornou a base de um capitalismo lucrativo do século XXI. Existe agora uma concentração sem precedentes de conhecimento e poder, livre de controlo

---

[18] Entrevista com a revista semanal "Der Freitag" de 02.04.2019; https://www.freitag.de/autoren/the-guardian/tyrannei-die-sich-von-menschen-ernaehrt

democrático e fora do nosso controlo individual. O capitalismo de vigilância baseia-se em assimetrias de conhecimento historicamente inimagináveis. Os capitalistas da vigilância sabem tudo sobre nós. Sabemos muito pouco do que fazem ou do que sabem. Eles usam a sua vantagem de conhecimento para influenciar o nosso comportamento. É um novo tipo de poder.[19]

Após a cobrança das taxas, os dados obtidos são divididos:

"Alguns desses dados são usados para melhorar produtos e serviços, o restante é declarado um excedente proprietário de

---

[19] Entrevista com o Süddeutsche Zeitung de 07.11.2018; https://www.sueddeutsche.de/digital/shoshana-zuboff-ueberwachungskapitalismus-google-facebook-1.4198835

comportamento a partir do qual, com a ajuda de processos de fabricação avançados, que [...] podem ser resumidos sob o termo "máquinas ou inteligência artificial", são produzidos produtos de previsão que antecipam o que eles farão agora, no futuro próximo, ou em algum momento no futuro. Por último, estes produtos de previsão são comercializados num novo tipo de mercado de previsão comportamental, [...] [denominado] mercado a prazo comportamental.[20]

Neste ponto, torna-se um pouco obscuro, pois nem sempre se distingue claramente se o capitalismo de vigilância21 descreve apenas o uso dos chamados

---

[20] Zuboff, página 22

[21] Zuboff, página 121

"novos meios de produção" ou também o uso de melhorias. A redacção deve referir-se a ambos.

A questão de saber se não é uma das características fundamentais da economia capitalista que novos produtos, serviços e inovações sejam gerados a partir de excedentes de meios de produção é deixada em aberto. O mesmo se aplica à questão de saber se a identificação das necessidades e dos requisitos, que, em última análise, não passa de um estudo de mercado por meios modernos, não tem de constituir a base empresarial de qualquer empresa que não possa operar no mercado do vendedor, sob protecção do Estado ou num oligopólio ou monopólio.

A separação também causa problemas precisamente porque Zubuff em particular vê os dados que não são necessários para a otimização, ou seja, o "excesso de comportamento", de forma particularmente crítica:

"Mais dados comportamentais são fornecidos do que o necessário para melhorar o serviço. Esse excedente fornece um novo meio de produção que produz previsões a partir do comportamento do usuário. Estes produtos são vendidos a clientes empresariais com base em novos contratos de futuros comportamentais. O ciclo de reinvestimento do valor comportamental está sujeito a esta nova lógica.[22]

Mas não é o caso que os dados usados para otimização e previsão não devem ser amplamente idênticos? E para quem são os novos produtos? Apenas para clientes empresariais? Não para o próprio cliente? E o mercado não é muito maior do que o descrito aqui? Parece um pouco como tentar diferenciar entre novo capitalismo bom ("otimização de serviços") e novo

---

[22] Zuboff, página 121

capitalismo mau ("uso e geração de superávits comportamentais"), mas será que essa diferenciação realmente faz sentido?

Estas questões podem ser irrelevantes se quisermos representar apenas um mecanismo de exploração criado fora da norma capitalista, com o propósito de acumular poder, influência e riqueza de alguns, mas tornam-se relevantes quando se procura uma estrutura global de um novo capitalismo, e esse é precisamente o objectivo deste artigo: Tornando o discreto visível nas sombras e geralmente compreensível.

capitalismo comportamental

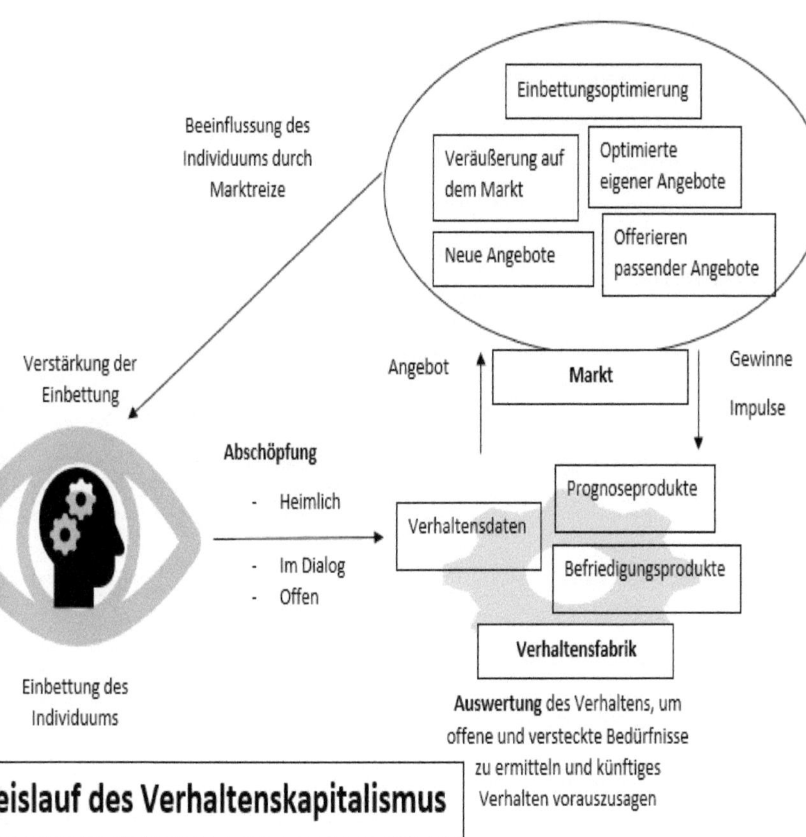

Absorção de dados comportamentais

> Actualmente, o comportamento é também um factor de produção central para o capitalismo clássico e financeiro e complementa o trabalho, a terra e o capital.

O capitalismo comportamental baseia-se no comportamento da matéria-prima e do factor de produção, que é criado pela reacção do indivíduo aos estímulos. Ele tem primeiro de ganhar isto ao roubar. Sempre houve tais tentativas, mas foi o progresso tecnológico impulsionado pela mudança de tempos que tornou possível a colheita automatizada em grandes quantidades. O processo de skimming tem três variantes cujas transições podem ser fluidas:

- **Escumação aberta**

- **Desnatação Dialógica**

- **Escumação oculta**

Transformação na fábrica comportamental

Os volumes de dados obtidos são agora armazenados na fábrica comportamental, uma metáfora para representar um processo de processamento complicado e descentralizado mais plasticamente, e transformados em partes em produtos. São produzidos produtos de previsão e produtos de satisfação.

Um <u>produto de satisfação visa</u> satisfazer as necessidades humanas.

Um <u>produto de prognóstico</u> prevê o comportamento humano futuro.

<u>Os dados comportamentais</u> também podem ser comercializados sem processamento adicional.

Os produtos de previsão são utilizados para estimar o comportamento futuro de um indivíduo. Um exemplo típico seria um usuário de uma rede social interessado em caminhar, apresentar fotos e documentos de participação em eventos. O algoritmo pode agora ler estes dados e complementá-los com outras informações como idade, local de residência, inclinações de marca, estilo, etc. O algoritmo também pode ler os dados dos dados. Juntamente com a leitura do histórico do navegador, que pode acontecer mesmo que você não esteja mais conectado à rede correspondente, é criado um produto de previsão, cujo resultado poderia ser, por exemplo, que exatamente este usuário é altamente provável que se decida pelas excursões correspondentes novamente no verão. Por conseguinte, faria sentido confrontá-lo praticamente com serviços adequados (por exemplo, ofertas de viagens) ou produtos (por exemplo, botas de caminhada) com pouca antecedência. O produto de previsão abre a porta para uma abordagem direccionada.

Os produtos de satisfação, por outro lado, visam especificamente satisfazer as necessidades identificadas. Não no futuro, mas no presente. É interessante notar que um produto de satisfação pode se referir tanto a uma necessidade que o usuário está ciente quanto a uma necessidade sobre a qual ele ainda não refletiu, mas que resulta da análise do comportamento. Assim, são precisamente os produtos de satisfação, mas também os produtos de prognóstico, que têm a função de revelar as necessidades interiores do indivíduo e podem, portanto, ser um importante elemento de auto-realização.

Negociação no mercado

Tanto os produtos de prognóstico e satisfação como o próprio comportamento podem ser usados ou vendidos pelo próprio coletor de dados. Isto gera lucros massivos, que são normalmente reinvestidos. Não necessariamente apenas no modelo de negócio anterior, mas também em outros campos que convidam ao networking. Surgem assim as seguintes oportunidades para o mercado:

- **Oferta de ofertas adequadas**

Os dados são utilizados para oferecer ofertas adequadas ao indivíduo. Isto pode consistir em serviços e produtos próprios, combinados, no entanto, com a publicidade de terceiros. O núcleo do modelo de negócio ainda pode ser visto aqui hoje.

Globalmente, estima-se que 25% das receitas globais de publicidade são agora geradas pelo Facebook e Google, dois dos melhores exemplos de capitalismo comportamental aplicado. Em 2016, ainda era 20%. Tendência a subir.

- **Novas ofertas**

O comportamento torna necessário desenhar produtos inteiramente novos para satisfazer as necessidades identificadas pelos mesmos. A ideia de derivar da observação do mercado as inovações e desenvolvimentos necessários é tão antiga como a própria actividade económica, mas, graças às novas possibilidades de extrair uma matéria-prima que anteriormente era difícil de extrair, atingiu uma dimensão completamente nova.

- **Otimização de ofertas próprias**

  As próprias ofertas são melhoradas e adaptadas por produtos de comportamento e feedback apropriado. Isto aplica-se tanto aos coletores de dados como aos seus clientes. Em particular, a máquina de aprendizagem se baseia nessas reações para melhorar constantemente suas funções.

- **Venda no mercado**

  Os volumes de dados são disponibilizados a terceiros em bruto ou já como produtos de transformação para as suas próprias actividades comerciais.

- **otimização de incorporação**

  O individualismo coletivo conhece a incorporação do homem na criação de uma realidade individual. O capitalismo comportamental contribui para isso através de um ciclo contínuo de escumação comportamental.

Prozess der Einbettung

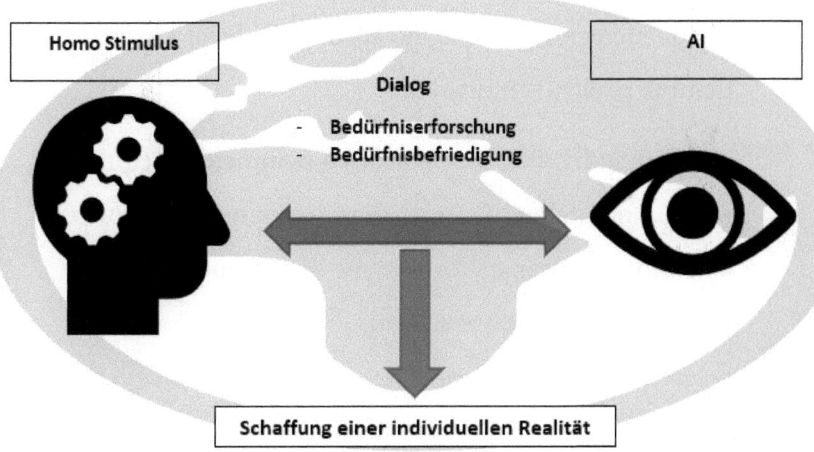

Estimulação do indivíduo a reagir

No caso ideal, o indivíduo reage aos estímulos oferecidos e assim cria um novo comportamento que, por sua vez, pode ser desnatado. O resultado é um ciclo de incorporação que, no final, pode levar à criação de uma realidade individual.

Num individualismo colectivo completo, que pressupõe, naturalmente, um desenvolvimento técnico constante, o desnatado afundar-se-ia pouco a pouco numa realidade individualizada. No entanto, isso ainda é incompleto devido à presença de lutas de meio ambiente. Ao mesmo tempo, o comportamento da matéria-prima e o capital de investimento se acumulam, o que melhora ainda mais as possibilidades da fábrica de comportamento e da desnatação. Desenvolve-se um ciclo. O jogo, conduzido pela máquina, começa desde o início. Assim, por um lado, causa a incorporação do homem, mas, ao mesmo tempo, também causa uma maior separação dos meios sociais.

3. consideração

O capitalismo comportamental é uma variante do capitalismo que, como o capitalismo financeiro, é difícil de identificar em seus efeitos e, portanto, desempenha apenas um papel subordinado na percepção pública e na agenda política. Ele usa isso inteligentemente para se espalhar e se consolidar, o que no capitalismo é muitas vezes caracterizado pela emergência de monopólios ou oligopólios. Isto é demonstrado de forma impressionante pela situação real dos grupos tecnológicos e pelo seu poder de mercado.

O capitalismo comportamental tornou-se, portanto, firmemente estabelecido, mas sem ser percebido como tal. A tecnologia de ponta permite uma incorporação nunca antes vista que pode penetrar nas áreas mais íntimas do indivíduo. Um desenvolvimento que requer um escrutínio mais atento e não deve continuar a acontecer na sombra, pois um capitalismo comportamental desenfreado seria uma força ainda mais forte do que o capitalismo financeiro jamais foi. Ele seria um meio de dominação.

Os dois últimos parágrafos poderiam ter sido escritos de forma semelhante, se não idêntica, sobre o conceito de capitalismo de vigilância, mas a diferença abaixo da superfície é inconfundível, porque enquanto o capitalismo de vigilância vê o desenvolvimento como algo anormal, feito pelo homem e, em última análise - unilateralmente - mal que dá origem até ao pior, o retrato do capitalismo comportamental é deliberadamente neutro porque reconhece que é um desenvolvimento normal do capitalismo e oferece tanto oportunidades quanto riscos. O trabalho de Zuboff apresenta os desafios de uma forma excelente e meticulosa; talvez mais convincente do que nunca. Não são as probabilidades. Estes até são negados.

A incorporação passo a passo do indivíduo no seu próprio mundo é, ao mesmo tempo, uma possibilidade não só de satisfazer as necessidades, mas também de as identificar. No entanto, este processo não pode ser separado do processo capitalista, como sugere Zuboff. Ele precisa de inovações e otimizações.

Ele também ignora um detalhe importante: a população de um país é dividida em meios, que também estão se deteriorando cada vez mais rapidamente, alguns dos quais têm visões, valores ou estilos de vida completamente diferentes. Uma parte considerável destes meios estaria sempre disposta a trocar elementos como a democracia ou as liberdades que não são percebidos por uma incorporação que satisfaça as suas necessidades.

Esta constatação pode ser assustadora e, no entanto, descreve os factos. Se Zuboff é, portanto, de *"ser areia na roda"*[23], a *"falta de vontade dos cidadãos e jornalistas [...] os cientistas [...] os representantes eleitos do povo e decisores políticos [...] e os jovens [...]"*, então a *"falta de vontade do povo e dos*

---

[23]Zuboff, página 593

jornalistas [...] os cientistas [...] os políticos [...] e os jovens [...]". Se[24]falamos de um sentimento geral de *"indignação"*[25]que deve se desenvolver, é preciso notar que isso só será do interesse de uma parte da população.

Mas isso é apenas um problema, desde que o desenvolvimento seja visto como uma monstruosidade isolada que seria controlada com um rifle e um chicote. De facto, o capitalismo comportamental não está apenas na continuidade histórica, mas é apenas uma parte da transição para uma era de individualismo colectivo que, juntamente com as lutas de meios e a mudança das relações de poder globais, moldará o futuro.

A ideia de que essas grandes forças de mudança podem ser combatidas com algumas restrições nas

---

[24] Zuboff, página 596

[25] Zuboff, página 595

atividades de negócios das empresas de tecnologia ocidentais parece interessante, mas não é muito proposital, porque isso não significaria que o campo será deixado para Baidu, Tencent, Alibaba & Co, muitas vezes apoiado pela autoridade do Estado chinês? Esta é uma questão importante que tem de ser discutida:

Os lados escuros do capitalismo comportamental são um problema gigantesco, mas não estaremos talvez deixando o mercado para forças muito mais perigosas se enfraquecermos as corporações ocidentais enquanto não podemos influenciar as do Oriente? Exige, portanto, um conceito de solução abrangente, tal como o encontramos no modelo de hegemonia alternativa (modelo AH), que não deve ser um problema aqui.

Rumo ao fim

Esta escrita finalmente lidou com isso:

1) Comparar duas interpretações fundamentais do desenvolvimento do capitalismo

2) Contribuir para a descrição deste novo fenómeno e dar-lhe uma estrutura mediável

3) Criar uma base de discussão sobre as oportunidades e riscos do desenvolvimento capitalista.

Shoshana Zubuff conseguiu apresentar de forma notável os aspectos negativos do capitalismo comportamental. Um verdadeiro trabalho pioneiro. Um retrato sistemático de uma nova variedade de capitalismo provavelmente nunca foi seu próprio fim, mas apenas um meio para expressar o alerta sobre os perigos de uma nova era de individualismo coletivo.

O modelo do capitalismo comportamental oferece uma descrição e classificação sistemática que pode servir como uma ampla base de discussão.

Este artigo está disponível em DOI 10.13140/RG.2.2.2.28837.65764 e foi publicado na mesma forma várias vezes em alemão e inglês e publicado para discussão.

referências

Zuboff, Shoshana, The Age of Surveillance Capitalism. Editora Campus 4 Outubro 2018; 04 Outubro 2018

Herteux, Andreas, Behavioural Capitalism - A New Variety of Capitalism Gains Power and Influence, DOI 10.13140/RG.2.2.18058.62402, agosto de 2019

Herteux Andreas, Conceito da Mudança de Tempos

Herteux Andreas, A Sociedade Reiz

Entrevista em "Sexta-feira" de 02.04.2019; https://www.freitag.de/autoren/the-guardian/tyran-nei-die-sich-von-menschen-ernaehrt

Entrevista com o Süddeutsche Zeitung de 07.11.2018; https://www.sueddeutsche.de/digital/shoshana-zub-off-ueberwachungskapitalismus-google-facebook-1.4198835

Perguntas e respostas

O modelo do capitalismo comportamental tem sido até agora recebido positivamente e não tem sido questionado como uma forma de representação e descrição.

Questões e discussões surgiram principalmente pela razão de que não é normativa, mas meramente descritiva.[26]

Quer apresentar mecanismos e apontar desafios e oportunidades. Embora os dois primeiros elementos tenham sido considerados benevolentes e solidários, houve vozes que negaram aspectos positivos do capitalismo comportamental além do lucro do respectivo

---

[26] No entanto, a apresentação descritiva era precisamente o objetivo: confrontar um novo fenômeno, muitas vezes negligentemente ignorado, e apresentá-lo objetivamente em seus mecanismos, a fim de facilitar uma discussão que não exclua um lado dele em geral.

provedor. Por conseguinte, este ponto desempenha um papel importante nas perguntas complementares:

O capitalismo comportamental tem apenas lados negativos e é um produto da exploração capitalista?

O capitalismo comportamental contém grandes perigos. Estas incluem, sem dúvida, as possibilidades de manipulação e controlo. Estes ainda são massivamente fortalecidos pelo condicionamento de humanos em pequenos e rápidos estímulos desde a 2ª Guerra Mundial, por isso falamos hoje de um estímulo homo.[27]

---

[27] A este respeito, faz-se referência à "Teoria da sociedade irritável". É um desenvolvimento que tem sido condicionado passo a passo pelo capitalismo, pela mudança social e pela política, sem aspirar a eles. O estímulo homo, o ser humano condicionado a estímulos curtos e rápidos, é o produto final. Esta reacção de estímulo mais rápida pode ser encontrada em todos os meios, uma vez que foi estabelecida ao longo de décadas, tanto no mundo do trabalho como na esfera privada, e tem aumentado cada vez mais. Se alguém quiser apontar

A democracia e a liberdade também estão, portanto, em jogo. Estes perigos devem ser claramente identificados, discutidos e combatidos.

No entanto, há também aspectos positivos[28]. Estes devem ser vistos nas áreas do reconhecimento das necessidades e sua satisfação, porque através dos métodos do capitalismo comportamental, tanto as necessidades conhecidas como as até agora ocultas do indivíduo podem ser identificadas e satisfeitas.

Vamos dar um exemplo. Até agora, um usuário foi moldado por um ambiente de aldeia direta e nunca foi além disso. Ele não está realmente satisfeito com isso,

---

para um extremo, uma simples viagem de metrô é recomendada e deve-se simplesmente prestar atenção à influência que os smartphones, por exemplo, têm na vida de muitas pessoas e pensar em como era há 10 anos atrás. Com tal observação é provavelmente mais fácil entender o estímulo homo do que com toda a teoria cinzenta.

[28] O argumento padrão das empresas de tecnologia de que cada utilizador é recompensado com serviços que utilizam o comportamento ou os dados não deve ser aqui aprofundado. O argumento pode certamente ser discutido de forma controversa.

mas no final a sua marca só conhece este pequeno mundo. Através do uso da Internet, ele está agora a entrar no mundo das redes sociais. Aqui ele liga a algumas pessoas que há muito tempo se afastaram da aldeia e olha para as suas fotos de férias um belo dia. Ele gosta dos lugares e pesquisa mais sobre um motor de busca. De repente, o meio social e o motor de busca oferecem-lhe cada vez mais notícias e anúncios que focam o tema das viagens. O tema se torna cada vez mais interessante e quanto mais ele procura por ele, mais ele se torna incorporado. Entretanto, olhou para muitos destinos e ofertas, encomendou guias de viagem e está activo num fórum. Ele agora está operando em um mundo próprio, no qual um novo anseio ocupa um lugar central, que é alimentado pela máquina de aprendizagem. Ele percebe que sua insatisfação anterior também é devido ao fato de que ele queria sair de seu ambiente familiar e ver o mundo. Até agora, porém, tem faltado inspiração. Isto é agora trabalhado pelo processo capitalista comportamental, o que, é claro, faz dele imediatamente ofertas de satisfação correspondentes. No próximo ano, o usuário fará uma viagem ao redor do mundo.

Ele foi manipulado neste exemplo? Ou foi simplesmente um desejo que tinha sido enterrado anteriormente porque o ambiente de cada um não podia desenvolvê-lo em conjunto com o utilizador? E é realmente negativo quando isto acontece? Como podemos ver, temos, portanto, de diferenciar com muita precisão.

Os lados positivos que são descritos são no final apenas a sedução a consumir, certo?

Mantenhamo-nos fiéis ao caso concreto do próximo turista. É verdade que ele também vai consumir muitos um capitalista comportamental vai se beneficiar com isso. Sim, o consumo é o que ele quer? Ou melhor, uma forma de autodesenvolvimento?

Não é precisamente o modelo de sucesso real dos grandes capitalistas comportamentais que eles se adaptam aos desejos individuais e fazem uma contribuição inimaginável para a auto-realização pessoal? Um simples trabalhador tem agora a oportunidade de ser ouvido no meio social. Para te mostrares. Para viver os seus próprios interesses. Talvez até ser uma estrela. Quando é que isso foi possível? O que é real?

Não se trata também de oportunidades de desenvolvimento? Em última análise, o capitalismo comportamental cria um mundo individualizado de acordo com as necessidades do respectivo usuário e isso nada tem a ver com o consumo material.

Aqueles que realmente querem desenhar o debate sobre este simples modelo explicativo do consumidor seduzido, não entenderam as necessidades humanas e, portanto, o ser humano.

Além disso, é indispensável uma visão de conjunto, porque o capitalismo comportamental não é autónomo. É claro que ele, assim como a sociedade do estímulo e o estímulo homo formados por ela, pertencem à próxima era do individualismo coletivo, que em última análise é apenas retardado pelas lutas do meio. E esta nova era é inevitável se não quisermos recusar o desenvolvimento tecnológico. Mas podemos decidir como os queremos desenhar.

Nenhuma pessoa pensante trocaria liberdade e democracia por reconhecimento e satisfação?

A pergunta implica que as pessoas representam uma massa homogênea que todos compartilham as mesmas atitudes e estilos de vida. Na verdade, porém, as sociedades globais desintegram-se em numerosos meios, alguns dos quais têm valores completamente diferentes. Esta fragmentação do ambiente ainda não está completa e vai continuar.

Isto significa também, porém, que uma parte destas realidades não teria quaisquer problemas, por exemplo, em trocar a sua própria co-determinação democrática por uma satisfação garantida das necessidades. Por mais horrorizado que alguns membros de um ou outro meio possam olhar para esta afirmação, ela não muda sua veracidade.

Há, portanto, também os aproveitadores do sistema e eles se encontram não apenas entre os capitalistas comportamentais, mas sobretudo entre aqueles para quem o que parece estar em perigo vale muito menos ou nada mais do que para os outros.

Como você pode lutar contra isso quando alguns têm todo o poder em suas mãos e metade dos outros são subornados?

Através de novas ideias e impulsos como o modelo de hegemonia alternativa (modelo AH). Nisso, cria-se um participante do mercado que está sob controle democrático e muda ou corrige o capitalismo a partir de dentro. Através do poder de mercado democraticamente controlado. Isso faz dos valores um fator de produção e, portanto, um contrapeso para a influência das corporações privadas e do poder do Estado. Nem educa pessoas, mas empresas e entidades estatais.

Por exemplo, a fim de obter uma licença para uma tecnologia cujos direitos são detidos pelo Fundo AH, o contrato de utilização para a empresa em questão contém a obrigação de

- salários justos

- condições de trabalho adequadas

- Cumprimento dos regulamentos ambientais

- e que a nível mundial

- obrigações de transparência

A empresa não será obrigada a aceitar estas condições. Mas se quer gerar o máximo lucro, fá-lo-á. Ou enfrentar a concorrência. Provavelmente vai perdê-lo.

Dessa forma, os valores tornam-se um fator de produção e o capitalismo recebe uma nova direção.

A longo prazo, o fundo para a saúde e segurança no trabalho também gera lucros, que podem reverter para os países, por exemplo, para apoiar os fundos sociais.

Naturalmente, o modelo não pode ser apresentado aqui em toda a sua amplitude, por isso, consulte as publicações separadas.

Das Modell der Alternativen Hegemonie (AH-Modell)

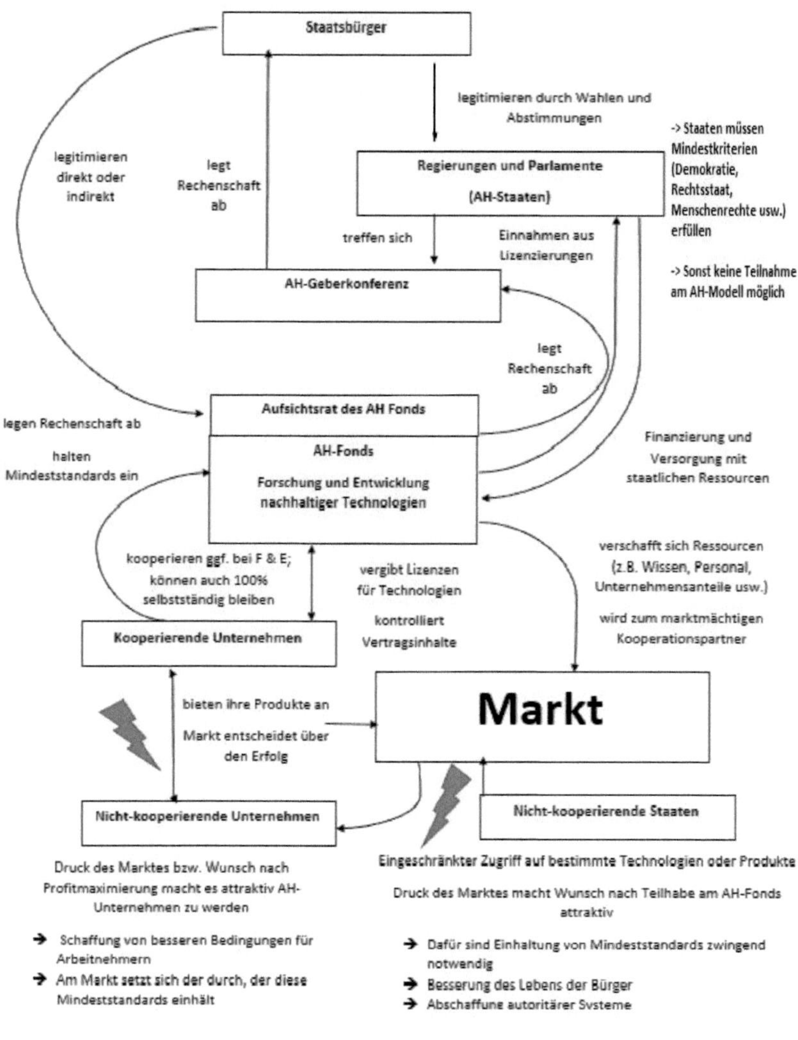

O modelo de hegemonia alternativa (modelo AH) soa muito bem no papel, mas como pretende forçar os capitalistas comportamentais, que afinal são oligopólios, a participar?

Estamos em uma mudança de tempo que pode ser definida desta forma:

O termo "mudança de tempo" é entendido como significando um período de tempo em que seus elementos individuais influenciam uns aos outros dinamicamente de tal forma que eles podem trazer um reordenamento das relações de poder anteriores (globais). "

Estes elementos são:

- Progresso tecnológico

- A ascensão de novos concorrentes nos mercados mundiais

- Fraqueza dos elementos dominantes até agora

- mudança ambiental

- Perspectivas Perdidas de uma Parte da Humanidade

A pressão, portanto, já existe e será cada vez mais forte e os capitalistas, que vos parecem um pouco uma tropa homogénea, não existem de todo. Pelo contrário, haverá enormes confrontos entre o capitalismo ocidental e o capitalismo controlado, onde o último parece ter as melhores cartas no momento.

Portanto, quem pensa no Google, Facebook e Co. quando se trata de capitalismo comportamental ainda não conhece o poder de mercado de Tencent, Baidu ou Alibaba, que são muito mais avançados em algumas áreas (por exemplo, sistemas de pagamento). Apps como Tictoc ou Zao são chineses e seu crescimento é gigantesco. O produto ocidental não ganharia necessariamente a comparação entre WhatsApp e WeChat. O mesmo se aplica a nível estatal, onde a expansão chinesa é inconfundível. O Ocidente será, por

conseguinte, cada vez mais pressionado e terá de
considerar alternativas. Isto, por sua vez, seria uma o-
portunidade para um modelo como o da hegemonia
alternativa.

Sobre a editora

Sociedade Erich von Werner

Erich von Werner Gesellschaft

Birkenfelder estrada 3

97842 Karbach

<u>Homenagem:</u>

https://www.understandandchange.com

<u>Email:</u>

erichvonwernersociety@understandand-
change.com

Facebook:

https://www.facebook.com/Erich-von-Werner-
Society-Understand-and-change-353251871900615

Twitter:

https://twitter.com/von_society

Sobre a editora

Erich von Werner Verlag

Birkenfelder estrada 3

97842 Karbach

Homenagem:

https://www.erichvonwernerverlag.de/

Email:

Info@erichvonwernerverlag.de

Facebook:

https://de-de.facebook.com/erichvonwernerver-lag

Sobre o autor

Andreas Herteux

<u>**Homenagem:**</u>

https://www.andreasherteux.com/

Facebook:

https://www.facebook.com/AndreasHerteux

Twitter:

https://twitter.com/aherteuxautor